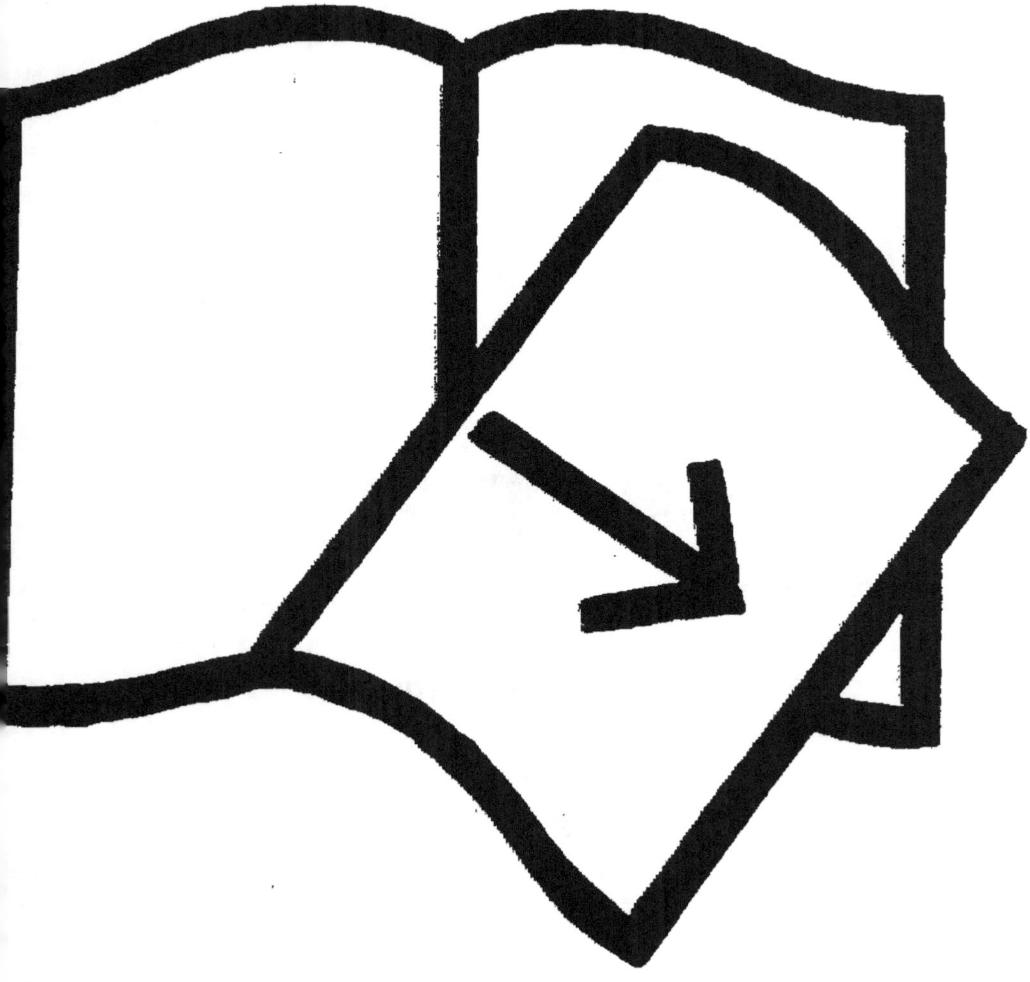

Couvertures supérieure et inférieure
manquantes

# MOUNIER

## Aux États du Dauphiné

### et a l'Assemblée Constituante

Bibliothèque Historique du Dauphiné

# MOUNIER

## AUX ÉTATS DU DAUPHINÉ

ET A

## L'ASSEMBLÉE CONSTITUANTE

PAR

### RAOUL JAY

PROFESSEUR AGRÉGÉ A LA FACULTÉ DE DROIT DE GRENOBLE

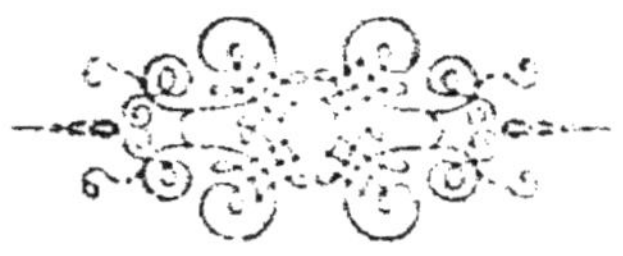

GRENOBLE

Xavier **DREVET**, éditeur

LIBRAIRE DE L'ACADÉMIE

**14, rue Lafayette, 14**

—

**1887**

*Publié par le Journal* Le Dauphiné.

# MOUNIER

## AUX ÉTATS DU DAUPHINÉ

### ET A L'ASSEMBLÉE CONSTITUANTE (1)

C'est, à coup sûr, une étude passionnante que de rechercher, à travers les annales de l'histoire de notre pays, les origines lointaines, les causes obscures et multiples du grand mouvement qui vint, à la fin du siècle dernier, transformer l'ancienne société et devait en peu de temps bouleverser l'Europe entière. Tous les penseurs que ce difficile problème a préoc-

--------------------------------------------------------

(1) Chargé en 1881 de prononcer un des discours de rentrée à la Conférence des avocats de Paris, je choisissais pour sujet *Mounier aux États du Dauphiné et à l'Assemblée Constituante* C'est ce discours qu'on retrouvera ici avec d'insignifiantes modifications. J'ai pensé que les anniversaires auxquels nous touchons donneraient peut-être quelque intérêt à cette esquisse sommaire du rôle politique de Mounier.

Je me fais un devoir de signaler à ceux qui voudraient faire plus intime connaissance avec la vie et les œuvres du député dauphinois, l'étude biographique complète récemment publiée par M. Lanzac de Laborie sous ce titre : *Jean-Joseph Mounier, sa vie politique et ses écrits.* Paris, 1887. M. Lanzac de Laborie s'inspire visiblement de convictions qui ne sont pas les miennes. Mais il faut rendre justice au talent remarquable que son livre révèle.

R. J.

cupés ont tenté de dire comment s'était préparée, à l'abri des luttes de la royauté et de la noblesse, avec l'aide d'une bourgeoisie riche et émancipée, d'une philosophie audacieuse et toute-puissante, la Révolution qui emporta le vieil édifice de la monarchie française.

Mais après cette étude des causes premières, il en reste une autre, plus circonscrite, plus étroite peut-être, et sans laquelle pourtant personne ne saurait aborder l'histoire de ces jours tout ensemble glorieux et tristes, c'est de voir comment, et par quel dernier et décisif effort, la conception théorique et l'idée révolutionnaire se font action vivante ; comment, et grâce à quelles circonstances, une nation depuis tant de siècles déshabituée de ses affaires, a pu, en quelques mois, ressaisir la libre possession d'elle-même.

Toute la France prit sa part de cette lutte suprême. Mais certaines provinces s'honorent d'y avoir joué un rôle prépondérant, et, en première ligne, le Dauphiné, qu'en souvenir de ces grands jours, Michelet a salué du nom de « fière et vaillante province. »

Plus que toute autre, en effet, par ses appels répétés à l'opinion publique, par le caractère régulier et, pour ainsi dire, légal qu'elle sut donner à ses manifestations , l'insurrection dauphinoise , cette insurrection calme et modérée, suivant le mot de madame de Staël (1), servit à acculer la royauté à la convocation des États Généraux qui devait ouvrir l'ère nouvelle.

Le Dauphiné était d'ailleurs tout particulièrement disposé par ses souvenirs et ses traditions à lever le premier le drapeau de la résistance contre le pouvoir arbitraire.

Nul, parmi ses habitants, n'avait oublié comment leur pays était allé s'incorporer à la grande patrie

---

(1) Madame de Staël, *Considérations sur la Révolution française*, t. i, p. 199.

française, non point par une conquête où le vaincu doit subir la dure loi du vainqueur, mais par un contrat librement consenti, dans lequel le dernier dauphin Humbert II, stipulant en leur nom, avait, en 1349, formellement réservé les privilèges de la province. Tous aimaient à rappeler le *Statut delphinal* (1), véritable charte de leurs libertés, que ce prince avait fait rédiger avant de remettre sa couronne au roi de France.

Et cependant, malgré ces souvenirs et ces traditions, malgré les traces encore visibles d'esprit parlementaire et constitutionnel que les anciens États de la province avaient laissées derrière eux, les Dauphinois se fussent sans doute abandonnés comme tant d'autres à des violences sans portée, propres seulement à déconsidérer la cause qu'ils prétendaient défendre, s'il ne s'était trouvé parmi eux un homme que la nature de son esprit, plus encore que ses études et ses méditations, avait si merveilleusement préparé à servir de guide à ses compatriotes, que, du jour où il parait sur la scène politique, tous s'écartent comme naturellement pour lui laisser la direction exclusive, et qu'aujourd'hui encore, le nom de Mounier reste inséparable de la généreuse lutte soutenue par le Dauphiné contre les abus du pouvoir royal.

C'est ce rôle de Mounier que je voudrais d'abord esquisser à grands traits. Il n'y a là, sans doute, qu'un épisode particulier du grand spectacle que la France présenta à la veille de 89 ; mais nous retrouverons, puissamment mises en relief dans ce cadre étroit, toutes les ardeurs de patriotisme, toutes les générosités d'idées et de sentiments qui ont fait la grandeur et font encore l'intérêt de cette époque de féconde régénération.

---

(1) *Statuta delphinalia, hoc est libertates per illustrissimos principes viennenses delphinalibus subditis concessæ ....*

Puis, quand l'effort universel aura triomphé des résistances royales et obtenu la convocation des Etats Généraux, nous suivrons le député dauphinois à Versailles, jusqu'au jour où désespérant de l'avenir de la monarchie constitutionnelle, effrayé des progrès d'une révolution qu'il a, plus que tout autre, contribué à ouvrir, il ira chercher dans l'exil un refuge contre les périls dont il se croit menacé.

En Dauphiné, comme partout, ce fut le Parlement qui donna le signal de la lutte. Déjà, les cours grenobloises s'étaient, par deux arrêts énergiques (1), opposées à l'exécution des édits organisant les Assemblées provinciales, édits qui n'avaient été qu'en partie soumis à l'enregistrement, lorsque le bruit se répandit que le ministère préparait un véritable coup d'Etat contre la magistrature. Peu à peu, cette sourde rumeur grandit et se précisa : l'on apprenait qu'une même invitation venait de convoquer tous les magistrats à se trouver au Palais le 10 mai 1788 pour y entendre le gouverneur de la province donner lecture des ordres du roi.

Sentant combien il importait de prévenir l'attaque, le Parlement se réunit le 9 mai ; et par une manœuvre habile, qui devait associer sa cause aux idées constitutionnelles alors si populaires, mais qui trahissait en même temps un bien étrange et bien récent oubli des doctrines qu'il avait, à maintes reprises, proclamées et pratiquées, il déclare solennellement tenir pour maximes :

Que ce n'est que dans l'Assemblée des Etats Généraux que la nation peut consentir les impôts et faire entendre ses plaintes sur les vices et les entreprises de l'administration ;

Que les cours souveraines se sont réunies pour en demander la convocation comme le seul remède aux maux qui affligent le royaume, et qu'on ne pense à

---

(1) Arrêts du 6 octobre et du 15 décembre 1787.

détruire la magistrature que parce que l'on désespère
de lui imposer silence sur cette juste réclamation.

L'arrêt était précédé d'une longue suite de ces
attendus terribles, qui savaient masquer, avec un art
profond et subtil, secret perdu des anciennes traditions
parlementaires, l'ironie sanglante sous les formes
extérieures du respect le plus humble et que Voltaire
estimait les chefs-d'œuvre de l'éloquence française.

Le lendemain, eut lieu le lit de justice attendu. Le
gouverneur duc de Clermont-Tonnerre se présenta
au Palais, accompagné de l'intendant de la province
et assisté d'un grand appareil militaire. Il fit lire par
le greffier la teneur des nouveaux édits, puis en requit
du procureur général l'enregistrement immédiat, en
exhibant des lettres closes qui interdisaient toute
assemblée ou réunion quelconque du Parlement ayant
pour but de s'occuper de l'exécution des nouvelles
lois.

Parmi ces édits militairement enregistrés, quelques-
uns contenaient, il nous est facile de le reconnaitre,
de notables progrès sur la législation antérieure.
Supprimer les tribunaux d'exception et la question
préalable, exiger la majorité de trois voix pour les
condamnations à la peine de mort, de deux voix pour
les autres peines, substituer enfin aux corvées des
prestations en argent, c'étaient là, à coup sûr, de
bonnes réformes depuis longtemps désirées.

Mais elles disparaissaient devant la grandeur du
coup porté aux Parlements. Non seulement toute
autorité politique leur échappait par la création d'une
cour plénière chargée d'enregistrer les édits et presque
uniquement composée des délégués de la cour et des
princes de la maison du roi, mais encore l'institution
de grands bailliages, jugeant en dernier ressort jusqu'à
20,000 livres, portait la plus grave atteinte à leur
pouvoir judiciaire.

Sans doute, la puissance politique que les Parlements s'étaient arrogée ne reposait pas sur des bases
historiques bien solides : elle avait trop souvent servi

les desseins du despotisme et de l'intolérance. Mais, ce n'était pas au moment où cette autorité usurpée était devenue, par la force des choses, la dernière barrière à opposer au pouvoir absolu, qu'il convenait d'en discuter minutieusement les origines ; ce n'était pas au moment où la France, où le Dauphiné spécialement, réclamait de nouvelles et plus complètes garanties, qu'on pouvait sans danger abandonner la seule qui restât debout.

Nul ne s'y trompa. La population tout entière prit parti pour le Parlement et, du jour au lendemain, les dépositaires de l'autorité royale se trouvèrent à Grenoble comme isolés au milieu d'une ville ennemie. Des troupes nombreuses gardaient le palais de justice avec mission expresse d'en interdire l'entrée aux magistrats, s'ils tentaient de venir reprendre leurs séances interrompues. Des patrouilles incessantes sillonnaient jour et nuit les places et les rues de la cité ; mais malgré toutes ces précautions, chaque matin, quelque brochure nouvelle clandestinement imprimée et répandue à profusion allait porter au gouverneur l'écho du sentiment public.

Aujourd'hui, c'est « *la lettre d'un milord anglais sur les affaires du Dauphiné.* » Demain, ce sera le célèbre pamphlet de Barnave sur l'esprit des édits militairement enregistrés (1).

Cependant, plus loin des événements, et ne se rendant pas compte de l'invincible et unanime résistance de l'opinion, le premier ministre, Loménie de Brienne, ne cessait d'exciter le gouverneur et l'intendant aux mesures énergiques, les exhortant « à employer les moyens même les plus rigoureux pour l'entière exécution des ordres du roi » (2).

---

(1) *Esprit des édits enregistrés militairement le 10 mai 1788.*

(2) Chroniques dauphinoises, par A. Champollion-Figeac. — Première période, page 338.

Ils hésitaient, craignant de compromettre leur autorité dans une entreprise sans succès possible, quand ils apprirent que les membres du Parlement, s'étant présentés au Palais le 20 mai et ayant trouvé les portes closes, s'étaient réunis chez le Premier Président et y avaient délibéré un arrêt plus violent encore que le précédent, par lequel « ils dénonçaient les auteurs du projet sinistre qui a répandu la consternation dans toute la France au roi, aux Etats Généraux et à tous les tribunaux qui peuvent et doivent en connaître, comme coupables de la cessation de la justice, de la subversion des lois et du renversement de la Constitution de l'Etat. »

Quelques jours après, le 7 juin, Grenoble apprenait, en s'éveillant, que chacun des membres des Cours souveraines venait d'être exilé dans ses terres par une lettre de cachet dès longtemps préparée. Aussitôt grand émoi : tous les corps de la cité vont successivement et en procession exprimer au Premier Président leurs sentiments de sympathie et d'indignation, et, pour mieux marquer la part qu'ils prennent à la tristesse générale, les notaires arrêtent une cessation de leurs actes, sauf pour les testaments des personnes en danger de mort. Peu à peu les boutiques se ferment, tout travail est suspendu et les rues s'encombrent d'une foule menaçante que surexcite encore le son du tocsin ébranlant tous les clochers grenoblois.

Bientôt une seule idée s'empare de cette population ameutée : empêcher le départ des magistrats dont la présence lui semble la dernière sauvegarde de son indépendance. Les portes de la ville sont fermées malgré la résistance des soldats ; l'hôtel du Premier Président envahi, les débris de sa voiture, en un instant démontée, rassemblés dans une remise dont la clef est ensuite jetée dans un puits. La même scène se répète chez tous les magistrats.

Cependant, le duc de Clermont-Tonnerre, tout étourdi de cette brusque attaque, essaie de faire occuper les rues et les places par ses troupes et de repousser le peuple qui se porte sur l'hôtel du gouvernement.

Mais les soldats, isolés par petits groupes au milieu d'une foule hostile, démoralisés d'ailleurs, et, il semble, peu désireux de combattre, résistent avec peine à la grêle de tuiles qui, de tous les toits, répond à leurs coups de fusil. Ils se replient peu à peu, laissant l'hôtel du gouvernement à découvert.

En même temps le bruit des cloches lancées à toute volée a soulevé au loin les habitants des campagnes voisines. Armés de fusils, de haches et de faux, ils se sont présentés aux portes de la ville et, les trouvant fermées, n'ont pas hésité à escalader les remparts.

Les deux masses d'insurgés, celle qui vient de la cité et celle que la campagne envoie lui prêter secours, se rencontrent aux portes de l'hôtel de Clermont-Tonnerre qui, dégarni de troupes, est, en peu de temps, emporté, pillé et saccagé. Le gouverneur lui-même ne fut pas à l'abri des violences. Une hache resta longtemps levée sur sa tête et on délibéra de le pendre au grand lustre de son salon.

Obligé de céder à cette pression menaçante, il dut coup sur coup écrire trois billets successifs au Premier Président, d'abord pour le prier de différer son départ, puis pour faire retirer les troupes qui gardaient le Palais, enfin pour inviter lui-même le Parlement à reprendre séance.

Dès lors, le peuple, satisfait de son triomphe, abandonne l'hôtel du gouvernement et se joint au cortège qui accompagnait en l'acclamant la rentrée des magistrats.

Ceux-ci s'avançaient deux à deux, en robes noires, par les rues les plus fréquentées de la ville et derrière eux la populace en délire traînait l'immense carrosse du duc de Clermont-Tonnerre, pavoisé de fleurs et surmonté d'un grand aigle empaillé.

Le Parlement tint audience pendant une heure, le Président s'efforçant de calmer le peuple et l'engageant à tout attendre de la bonté du roi, puis il se retira dans le même ordre où il était venu et au milieu des mêmes acclamations.

Le soir, des feux de joie embrasaient toute la ville, et des sonneries d'allégresse remplaçaient les sons lugubres du tocsin (1).

Telle fut la célèbre journée des Tuiles, restée pour les mémoires dauphinoises ce que le 14 Juillet est devenu pour les souvenirs de tous les Français, la première affirmation de la force du peuple, de cette force toute-puissante qui devait, en quelques semaines, briser les obstacles opposés à ses revendications.

Cependant les jours qui suivirent se ressentirent peu des joies de la veille. On savait qu'à la nouvelle de l'insurrection, la Cour dirigeait de tous les environs des troupes nombreuses sur Grenoble, et les magistrats, effrayés de l'audace de leurs concitoyens, s'étaient tous rendus, de nuit et furtivement, au lieu de leur exil.

Mais, abandonnés de ceux qu'ils avaient défendus, les Grenoblois ne s'abandonnèrent pas eux-mêmes. Le Conseil général de la ville, réuni en assemblée extraordinaire, invite à se joindre à lui tous ceux qu'intéresse la liberté de la province et, à l'heure dite, le 14 juin, tous les habitants notables par leurs talents, ou leurs situations, sont fidèles au rendez-vous.

C'est là que Mounier apparaît pour la première fois, et dès le premier instant il prend le rôle qu'il va conserver jusqu'à la réunion des États Généraux ; c'est lui qui dirige les délibérations, dicte les décisions et personne ne songe même à discuter cette haute prépondérance morale, tant ses compatriotes sentent que nul ne saurait les diriger avec plus d'habileté et d'énergie.

---

(1) *La Journée des Tuiles*, récit d'un témoin oculaire, par M. Berriat-Saint-Prix.

Mounier avait alors trente ans. Fils d'un marchand drapier de Grenoble, il appartenait à cette forte bourgeoisie qui sut si profondément marquer la Révolution de son empreinte. D'abord avocat près le Parlement, il devenait, peu après, juge royal, la faiblesse de son organe lui ayant interdit la plaidoirie.

C'était l'époque où grâce aux livres des théoriciens et sous l'influence des sympathies qu'avait excitées la lutte des colonies américaines soulevées contre la métropole, l'opinion se passionnait pour tous les problèmes du droit public. Cette étude devait convenir plus que toute autre au caractère grave de Mounier, caractère si accusé dès les jours de son enfance, qu'il lui avait, au collège de Grenoble, valu le sobriquet de Caton. Il s'y livra tout entier, puissamment soutenu dans son travail par l'amitié et les conseils d'un Anglais distingué, depuis membre de la Chambre des Communes, qui avait habité le Dauphiné pendant de longues années. Aussi est-il tout prêt, en 1788, à mettre au service de ses compatriotes, en même temps que son tempérament de lutte légale et pacifique, cette science des délibérations parlementaires sans laquelle les Assemblées les mieux inspirées n'aboutissent qu'au chaos, science à peu près inconnue à une époque où elle pouvait à juste titre sembler un jeu d'esprit futile et sans application possible.

L'influence de ce caractère méditatif et résolu se traduisit immédiatement par un acte hardi.

Assemblés en grand nombre à l'Hôtel de Ville, le 14 juin 1788, les membres du Conseil général de Grenoble et les habitants notables qu'ils avaient convoqués ne se contentèrent pas de proclamer à nouveau que l'impôt ne peut être légalement établi que par le consentement des représentants du peuple réunis en Assemblée nationale, de protester contre les édits militairement enregistrés et de supplier le roi de vouloir bien les retirer, ils firent ce que jamais le Parlement n'eût osé.

De leur propre autorité et forts des privilèges de la

province, privilèges consacrés à maintes reprises par les rois de France, mais depuis trop longtemps méconnus, ils convoquent les trois ordres des différentes villes, bourgs et communautés du Dauphiné à élire des députés, afin de délibérer ensemble sur les droits et intérêts de la province. Et quelques jours après, précisant leur convocation, ils fixent la réunion des Etats provinciaux au 21 juillet, dans le château de Vizille.

Il est facile de comprendre quelle impression de surprise et d'inquiétude dut produire sur le gouvernement une décision si nouvelle et si audacieuse. Le premier et le second consul furent immédiatement « mandés à la suite de la cour », et le commandement des troupes que l'on rassemblait de toutes parts confié à un chef dont la sévérité était connue, le maréchal de Vaux. En même temps les ordres les plus formels prescrivaient au gouverneur de ne négliger aucune mesure pour s'opposer à la réunion de l'Assemblée projetée.

Mais, malgré tous les obstacles, toutes les menaces, la plupart des municipalités de la province adhéraient successivement à la délibération de l'Hôtel de Ville, et désireux de donner une marque éclatante de l'unanimité des sentiments dauphinois, les membres de la noblesse envoyaient trois d'entre eux porter au roi une adresse qui le suppliait de permettre l'assemblée des Etats. Mounier avait rédigé cette adresse comme il avait déjà rédigé le procès-verbal de la délibération du 14 juin.

La volonté de la population se manifestait, d'ailleurs, avec une telle fermeté, qu'à peine arrivé à Grenoble, le 19 juillet, le maréchal de Vaux dut reconnaître qu'il lui serait impossible de s'y opposer avec succès. Obligé de modifier de lui-même les rigoureuses instructions qu'il avait reçues, il demanda seulement la disparition de la cocarde aux couleurs particulières de la province, que quelques-uns avait arborée, et, à cette condition, autorisa la réunion des Etats.

Les députés avaient été convoqués pour deux heures. Par l'effet d'un zèle dont les Assemblées parlementaires ne nous ont donné depuis que de rares exemples, ils étaient tous, dès huit heures du matin, réunis autour du vieux château féodal de Lesdiguières et l'on put commencer la séance.

Toute la nuit, les routes environnantes avaient présenté le saisissant spectacle des populations assemblées à la lueur des torches, saluant de leurs acclamations enthousiastes les représentants qu'elles envoyaient à Vizille. Les soldats du maréchal de Vaux, témoins impassibles de ces manifestations, ajoutaient par leur attitude à la grandeur de la scène.

Commencée à huit heures, la séance se prolongea jusqu'au lendemain trois heures du matin, avec une seule interruption d'une heure et demie au milieu de la journée.

Plus de cinq cents membres étaient présents, tant du clergé et de la noblesse que du Tiers-État. Mais, ainsi qu'on prit soin de le constater au procès-verbal, il n'y eut aucune observation de rang ni de préséance entre les personnes des différents ordres.

Le comte de Morges nommé président, Mounier secrétaire, l'Assemblée commença par constater que, malgré tous les efforts des agents du ministère, l'arrestation des chefs des municipalités de Grenoble, de Gap et de Romans, la plupart des communautés de la province avaient répondu à l'appel de la ville de Grenoble, que la réunion de leurs députés devait dès lors être considérée comme la véritable Assemblée des trois ordres du Dauphiné.

Rappelant ensuite que ses droits reposent sur un contrat qu'il n'est pas permis au pouvoir royal de violer à son gré, et dont il a, à plusieurs reprises, reconnu la valeur, notamment lors de l'édit de 1628, elle délibère et arrête : que les trois ordres protestent contre les nouveaux édits ; qu'ils tiendront pour infâmes et traîtres à la patrie ceux qui pourraient accepter des fonctions en exécution de ces édits.

Que le Dauphiné n'octroyera jamais aucun impôt, à quelque titre que ce soit, tant que ses représentants n'en auront pas délibéré dans les Etats Généraux du royaume.

Enfin, elle déclare que, dans les Etats de la province, les députés du Tiers seront en nombre égal à celui des députés des deux autres ordres ; elle repousse d'ailleurs, avec indignation, l'idée que les trois ordres du Dauphiné puissent jamais séparer leur cause de celle des autres provinces ; en soutenant leurs droits particuliers, ils n'abandonneront pas ceux de la nation entière (1).

Toutes ces décisions avaient réuni l'unanimité des suffrages.

Il est difficile de donner une idée de l'enthousiasme qui accueillit la nouvelle des délibérations de Vizille, non seulement en Dauphiné, mais dans la France entière. C'était à qui célébrerait le plus haut la sagesse et le courage des Dauphinois ; il n'était pas une âme libérale qui n'espérât que cet exemple éclatant de résolution saurait enfin réveiller de leur torpeur tous ceux qu'avaient endormis l'influence énervante du despotisme. Et l'impression fut si générale et si durable, qu'un an plus tard, lors des premières difficultés que l'Assemblée constituante rencontrera sur sa route, nous verrons les pamphlétaires de l'époque conseiller aux députés timides d'aller refaire leur santé morale en venant à Vizille respirer l'air pur de la liberté (2).

Aujourd'hui, il faut l'avouer, nous avons quelque peine à comprendre l'enthousiasme de nos pères, et peut-être plus d'un parmi nous inclinerait à penser que c'était là beaucoup de bruit pour un mince

---

(1) *Assemblée des trois ordres de la province du Dauphiné*, Cuchet, Grenoble, 1788.

(2) *Allez à Vizille*, consultation médico-patriotique, 18 juin 1789, in-8°.

résultat. Nous avons vu depuis d'autres programmes et d'autres révolutions ; nous sommes devenus, à cet égard, étrangement difficiles à émouvoir.

Cependant , ne l'oublions pas, pour être juste, l'histoire ne doit pas être seulement une froide analyse ou un récit incolore, mais avant tout, suivant le mot profond d'un penseur moderne, — une résurrection. — Relevons, par la pensée, le vieux monde abattu. Essayons de voir, ne fût-ce qu'un instant, cette France du xviii° siècle, où la distinction des ordres, devenue chaque jour plus vexatoire avec le progrès des richesses et des lumières du Tiers-Etat, subsiste pourtant dans toute sa plénitude, que dis-je ? vient d'être cruellement aggravée depuis que des édits nouveaux ferment aux roturiers les grades militaire s que Louis XIV leur avait laissés accessibles.

Rappelons-nous que, la dernière fois que la France a été consultée, lors des Etats Généraux de 1614, les membres du Tiers écoutaient les paroles du roi à genoux et nu-tête, pendant que, devant eux, les représentants du clergé et de la noblesse restaient debout et couverts. Et nous comprendrons alors l'émotion de nos aïeux, nous sentirons nos cœurs battre à l'unisson des leurs au spectacle de ces hommes des trois ordres, se réunissant sans observer entre eux ni rang ni préséance, et unanimes à reconnaître comme un droit inaliénable pour le Tiers d'égaler, par le nombre des voix, les deux ordres privilégiés.

C'était le premier pas vers une égalité plus complète, qui ne pouvait tarder à s'imposer.— C'était le premier signe extérieur de la révolution sociale qui, depuis deux siècles, s'accomplissait lentement loin des yeux du pouvoir ; la première manifestation publique de cette ascension continue de la bourgeoisie que n'avaient pu arrêter ni les impôts écrasants, ni les longues guerres traînant après elles la disette et la famine et qui devait, en éclatant au grand jour , transformer la société jusque dans ses couches les plus profondes !

Un autre caractère des Etats de Vizille qui frappa singulièrement les contemporains et qu'il serait injuste d'oublier aujourd'hui, c'est l'unanimité de sentiments, l'union intime et sincère qui ne cessa d'exister entre tous les membres de cette grande Assemblée. Il semblait que sans secousse, sans lutte, pacifiquement et la main dans la main, le clergé, le Tiers-Etat et la noblesse allaient, du même pas, marcher à un avenir meilleur où se réaliseraient comme d'elles-mêmes toutes les réformes après lesquelles la nation soupirait. L'illusion dura peu et le réveil fut terrible.

Plus tard, quand au milieu des orages de la Constituante, Mounier verra divisés, séparés par des abîmes ceux qu'il a connus si unis, il y pensera plus d'une fois avec amertume et regret (1) ; et quand moi-même, enfant du Dauphiné, je retrouve dans les procès-verbaux de cette journée fameuse tant de noms qui me sont chers, rassemblés dans une commune pensée et une commune espérance, et que je vois aujourd'hui les descendants de ceux qui les portaient ne plus se rencontrer que dans la lutte et le combat, j'ai besoin, pour résister au doute qui m'envahit, de relire ces paroles qu'un compatriote aussi (2) écrivait quelques heures avant de monter sur l'échafaud révolutionnaire, après avoir constaté tous les maux causés par l'universelle commotion : « Cependant, pour peu qu'on réfléchisse, on se convainc que, quoi qu'il arrive, nous ne pouvons pas cesser d'être libres, et que les principaux abus que nous avons détruits ne reparaîtront jamais. Combien faudrait-il essuyer de malheurs pour faire oublier de tels avantages ? »

---

(1) *Recherches sur les causes qui ont empéché les Français de devenir libres* ; t. I, page 43.

(2) Barnave.

Moins de deux mois après, la seconde session des Etats dauphinois s'ouvrait à Romans, dans l'église des Cordeliers, cette fois avec l'autorisation royale. Dans l'intervalle, la courageuse résistance de la province avait reçu une première récompense. Grâce à la chute du ministère de Brienne et à la rentrée de Necker aux affaires, le Parlement avait pu revenir à Grenoble où d'extraordinaires réjouissances avaient célébré son retour (1).

Les trois ordres se retrouvent à Romans ce qu'ils étaient à Vizille, unis dans un même sentiment, dans un même besoin de réformes et de progrès. Ils commencent par renouveler, en les accentuant, les déclarations de principes du 21 juillet. Puis ils consacrent de longues et laborieuses séances à régler dans un plan complet et détaillé l'organisation des Etats provinciaux et à trancher les difficultés qu'on leur soumet de toutes parts. Mounier, réélu secrétaire, inspire et rédige toutes ces décisions.

Cependant, au milieu de ces travaux, on en est arrivé au 1er janvier 1789. Le roi a enfin cédé aux pressantes sollicitations de l'opinion. Les Etats Généraux sont convoqués. Mais depuis de longs jours on attend l'instruction ministérielle qui doit régler le nombre des députés, et cette instruction n'arrive pas. Lasse de tous ces retards successifs, l'Assemblée de Romans se décide à passer outre et à procéder à l'élection.

Alors se produisit une scène émouvante. L'un des membres de la noblesse, le chevalier de Murinais se leva, et rappelant les services rendus par le secrétaire des Etats, la façon modérée et résolue dont, depuis le premier jour, il défendait la cause des revendications dauphinoises, il demanda que Mounier fût nommé

---

(1) *Procès-verbal de l'Assemblée générale des trois ordres de la province du Dauphiné, tenue à Romans, par permission du roi*, Grenoble, Cuchet, 1788.

député le premier et par acclamation ; de chaleureux applaudissements saluèrent ces paroles.

Mounier les avait écoutées, assis, la tête dans ses mains, les yeux pleins de larmes. Mais dès que le bruit des bravos eut cessé, il fit, tout en remerciant l'Assemblée, remarquer que le règlement exigeait un vote régulier et ne lui permettait pas d'accepter un tel honneur.

On alla donc au scrutin, et Mounier fut élu le premier par 298 voix sur 300 votants. Il ne lui manquait que deux voix, la sienne et celle de son père qui, dans les Etats, représentait la ville de Grenoble.

Mais, avant de choisir ceux qui devaient représenter le Dauphiné, l'Assemblée de Romans leur avait, par un mandat précis, interdit formellement de jamais voter sur aucune proposition, quelle qu'elle fût, si le Tiers-Etat ne comprenait pas un nombre double de celui des autres députés, si les trois ordres n'étaient pas réunis, si les suffrages étaient pris autrement que par tête, sous peine d'être désavoués par la province entière.

Ce mandat, rédigé par Mounier, leur défendait aussi de s'occuper des subsides avant que les bases de la constitution fussent établies et surtout de consentir jamais à aucune des humiliantes distinctions qui avilirent les communes aux Etats Généraux de Blois et de Paris.

Enfin l'Assemblée déclarait que, toute prête à sacrifier les privilèges de la province à une constitution qui établirait la liberté de tout le royaume, elle les réservait au contraire et interdisait, de la façon la plus absolue, à ses représentants d'en consentir la moindre diminution si quelque obstacle imprévu empêchait les Etats Généraux de prendre les résolutions salutaires qu'on attendait d'eux (1).

_______________________

(1) *Second procès-verbal de l'Assemblée générale des trois ordres de la province du Dauphiné, tenue dans la ville de Romans le 2 nov. 1788.*

C'est avec ces instructions que Mounier partait pour Versailles, quelques mois plus tard. Il venait de traverser la plus belle période de son existence. L'estime et l'admiration qu'il avait si vaillamment gagnées avaient porté sa réputation jusque dans les provinces les plus lointaines. Resté secrétaire de la commission intermédiaire que les Etats de la province avaient laissée derrière eux, il était de partout consulté, comme un oracle infaillible, sur les difficultés du droit constitutionnel.

Aujourd'hui, c'étaient les Etats de Béarn, auxquels il conseillait de sacrifier leurs privilèges à la liberté de tous les Français (1); demain, ce seront les négociants de dix cités commerçantes auxquels il s'efforcera de démontrer que le commerce n'a pas droit à une représentation particulière (2).

En même temps, tous ceux que passionnaient les réformes attendues, les progrès si longtemps espérés qu'on semblait enfin à la veille de réaliser, se disputaient ses « Observations sur les Etats Généraux » où il défendait savamment, l'histoire en main, les principes qu'il venait d'affirmer avec tant d'éclat (3).

Quel devait être dans la grande Assemblée qui allait se réunir le sort des idées pour lesquelles le Dauphiné avait combattu ? Nul alors n'eût osé le prédire.

Les députés accouraient à Versailles de tous les points de la France, mais il était encore impossible de prévoir ni leurs opinions, ni leurs tendances. De nos jours, à peine une Assemblée élue, on peut classer

---

(1) *Lettre aux syndics généraux des Etats de Béarn.*

(2) *Lettre adressée au nom des négociants de Grenoble aux juges consuls de Montauban, Clermont-Ferrand, Châlons, Orléans, Tours, Besançon, Dunkerque et Saint-Quentin, et aux Chambres de commerce de Picardie, Saint-Malo et Lille.*

(3) *Nouvelles observations sur les Etats Généraux, 1789.*

chacun des membres qui la composeront dans un
parti bien déterminé et savoir, à peu de chose près,
quelle sera sur chaque question l'influence qui le
dominera fatalement. Au mois de mai 1789, au milieu
d'un grand nombre de noms obscurs dont la liste
faisait, dit-on, sourire de pitié le pauvre Louis XVI (1),
apparaissaient à peine quelques noms plus connus.
Celui de Mounier était de ceux-là, et quand le 5 mai
au matin, le député dauphinois pénètre, après une
longue attente, dans la salle des séances, des applaudissements enthousiastes saluent en lui les souvenirs
de Vizille et de Romans.

Mais, presque aussitôt, les bravos cessent et un
murmure d'énergique réprobation éclate sur tous les
bancs. Mirabeau vient d'entrer à son tour, portant
haut sa tête énorme, effroi de ses adversaires. Il gagne
lentement sa place ; l'insolence de son attitude et de
ses regards paraît vouloir braver comme à plaisir
l'opinion encore tout indignée des scandales orageux
de sa jeunesse.

Et cependant, de ces deux hommes qui reçoivent
au même moment des accueils si divers, celui que le
mépris insultant de ses collègues semble condamner
à un irrémédiable silence, saura avant peu maîtriser
tellement l'Assemblée et, à force d'éloquence et
d'audace, devenir, à ce point, son guide et son inspi-
rateur, qu'il restera pour la postérité la plus loin-
taine la personnification éclatante de ses grandeurs
et de ses gloires.

L'autre, au contraire, malgré la réputation qui le
précède, malgré la rare intégrité de sa vie privée, sa
science constitutionnelle, la force singulière de son
esprit logique et méditatif, verra peu à peu son
influence décroître et disparaître, et un jour les
mêmes applaudissements qui viennent de lui faire

---

(1) *Buchez et Roux. Histoire parlement. de la Révol.
Franç.*; IV, 39.

une entrée triomphale, salueront l'annonce de sa retraite et de sa démission.

C'est que Mirabeau possède tout ce qui manque à Mounier.

Mirabeau, c'est la hardiesse, la parole ardente, convaincue, sûre d'elle-même et de sa puissance qui donne l'ascendant sur les foules, et surtout cette foi, ce sentiment des instincts et des volontés d'un peuple en révolution qui ne vient pas seulement de l'esprit, mais plus encore du tempérament et sans lequel nul ne saurait prétendre à le diriger.

Mounier, avec sa conviction froide et raisonnée, sa parole de plus d'autorité que de puissance, ne connait rien des tressaillements de la fièvre révolutionnaire. Ses études mûries par la réflexion persévérante lui ont montré tous les inconvénients, tous les périls du pouvoir absolu que nos rois exercent depuis plusieurs siècles. Il a, en même temps, cru trouver dans une constitution voisine un remède efficace contre ces abus. Et dès lors, la constitution anglaise établie en France et nous assurant les mêmes bienfaits qu'elle garantit à nos voisins, tel est devenu le but unique dont il ne veut pas détourner les yeux. Il a profondément étudié le mécanisme qui a permis à cette constitution savante et compliquée de vivre de si longues années sans jamais se briser entièrement, et sa pensée reste satisfaite de cet idéal restreint. Il poursuit cette conquête comme on poursuit la solution d'un problème de mathématiques, avec calme, sans passion, se croyant assuré que les ressources de la logique et de la raison suffiront à tout, et ne comprenant pas qu'on se serve d'autres armes.

Néanmoins, durant les premiers jours des Etats Généraux, pendant cette longue lutte qui doit aboutir à la réunion des trois ordres, rien ne semble encore séparer le député dauphinois de la majorité des membres du Tiers. Il combat avec les autres chefs du parti populaire pour la consécration de ce principe du vote par tête que ses compatriotes lui ont donné l'expresse mission de défendre.

Et lorsque le 20 juin, les députés brutalement repoussés du lieu de leur séance ont cherché un refuge dans la salle du jeu de Paume et qu'ils sont là, indignés de l'outrage fait à la représentation nationale, hésitant entre des partis divers, tandis que les uns parlent d'aller délibérer au pied même du perron de Marly où Louis XVI s'est retiré, les autres d'aller chercher un abri derrière les piques parisiennes, c'est à Mounier que revient l'honneur de proposer le serment à jamais fameux, qui, en unissant dans une résolution commune toutes ces volontés divergentes et en montrant à leurs efforts un but bien défini devait marquer l'effondrement définitif de l'ancien régime.

Plus tard, il est vrai, par une étrange défaillance, qu'on voudrait voiler, il regretta cette heure glorieuse entre toutes, et écrivant dans l'exil sur les causes qui ont, d'après lui, empêché les Français de devenir libres, il se reproche amèrement d'avoir cédé à un enthousiasme irréfléchi, essaie de plaider timidement les circonstances atténuantes, et n'a pas assez d'éloges ni d'admiration pour Martin, député d'Auch, qui seul, dans cette foule passionnée, osa, dit-il, parler de la fidélité qu'il devait à son prince, brava les injures et les menaces et demanda qu'il lui fût permis de protester (1).

Mais l'Assemblée, qui depuis le 9 juin s'appelle l'Assemblée nationale, a, grâce à sa persévérance, à sa fermeté au milieu des plus délicates épreuves, remporté une première victoire, gage décisif de celles qui vont suivre. Les tracasseries du pouvoir royal et les intrigues de cour n'ont pas mieux réussi que les essais d'intimidation. La réunion des trois ordres est un fait accompli.

---

(1) *Recherches sur les causes qui ont empêché les Français de devenir libres.* Genève, 1792, t. 1, page 296, note 1.

Il est temps d'entreprendre l'œuvre capitale que tous les patriotes attendent depuis si longtemps et de doter la France d'une constitution. Ce mot de constitution, qui n'était deux ans auparavant, prononcé que par quelques esprits téméraires et aventureux, est devenu, au grand étonnement de l'Europe, pour qui la frivolité française devait rester à jamais inhabile à des pensées si sérieuses, l'objet de tous les écrits et de tous les entretiens (1).

A ce moment, l'influence de Mounier est encore prépondérante ; et lorsque, le 14 juillet, à l'heure où commence à tonner le canon de la Bastille, l'Assemblée procède à l'élection du comité chargé de préparer le projet de cette constitution, il y entre avec quelques-uns des plus fidèles partisans de ses idées.

A ses côtés, dans ce comité de huit membres, o n remarquait le comte de Lally-Tollendal, célèbre par le zèle qu'il a mis à réhabiliter la mémoire de son père plus encore que par ses malheurs, tout prêt à apporter aux théories abstraites du député dauphinois le secours de son éloquence sensible et passionnée ; — Bergasse, dont les luttes avec Beaumarchais ont si longtemps amusé la Cour et la Ville, et qui a su, à force de verve, faire oublier tout l'esprit du *Mariage de Figaro* ; le comte de Clermont-Tonnerre, l'archevêque de Bordeaux, tous convaincus que la monarchie modérée convenait seule à leur pays et que cette monarchie ne saurait s'établir si, en avilissant le pouvoir royal, en lui retirant successivement toutes les prérogatives qui faisaient sa force, on plaçait en face de lui une Assemblée toute-puissante et sans contrepoids.

L'unanimité des députés était d'ailleurs, à cette époque, profondément royaliste. Robespierre lui-même donnait de sa fidélité monarchique des preuves non équivoques. A peine, si en dehors de l'Assemblée,

---

(2) *Courrier de Provence.* N° XXII.

au milieu des émeutes qui précédèrent ou suivirent la prise de la Bastille, quelque enfant perdu, comme l'auteur de la Lanterne aux Parisiens, osait parler de République.

Et pourtant, quand, après avoir consacré de longues séances à la Déclaration des Droits de l'homme, on en vint à poser les bases de l'organisation gouvernementale et que les projets du comité de constitution furent connus, quand on sut qu'il proposait de reconnaitre au roi un droit de sanction illimité et d'établir un Sénat destiné à balancer l'autorité de la Chambre élective, il y eut chez un grand nombre de membres de la Constituante comme un mouvement d'indignation et de révolte.

C'est que la majorité, monarchique par sentiment, et, pour ainsi dire, par tradition historique, ne l'est nullement d'opinion raisonnée et convaincue. Les députés qui la composent ont grandi à l'abri de l'édifice de la monarchie, tout revêtu de la majesté de tant de siècles écoulés, qu'une longue suite de fortunes éclatantes ou de revers noblement supportés a comme identifié avec la nation française, et quels qu'aient été l'insuffisance, la faiblesse, l'abjection même des derniers représentants du pouvoir royal, l'idée que ce vieil et grand édifice puisse s'écrouler un jour n'est point encore entrée dans leur esprit.

Mais si l'existence de la royauté s'impose à eux comme un fait au-dessus des discussions, ils sont loin d'avoir compris les conditions de cette existence, loin d'être disposés à accorder au pouvoir royal les prérogatives nécessaires pour assurer son autorité.

Profondément imbus de l'esprit et des doctrines de Rousseau, convaincus que leur premier devoir est d'asseoir les institutions nouvelles sur le dogme de la souveraineté du peuple et de poursuivre l'application de ce principe jusque dans ses plus extrêmes déductions, leur inconséquence n'aperçoit pas à quel point ce dogme est incompatible avec la monarchie qu'ils prétendent respecter ; et dès lors la théorie

savante de Mounier et de ses partisans, procédant
de l'Esprit des lois plus que du Contrat social, leur
apparait comme une œuvre de réaction prématurée,
comme un effort hardi fait pour jeter la Révolution
hors de sa route naturelle.

Après un essai de transaction que le caractère
entier de Mounier devait rendre inutile, la discussion
s'ouvrit le 31 août, discussion solennelle entre toutes,
puisque dans l'esprit de ceux qui y prenaient part elle
devait fixer à jamais les bases de la Constitution.

Le roi pourrait-il arrêter indéfiniment ou seulement
suspendre la promulgation de la loi ? Y aurait-il deux
Chambres ? Telles furent les deux questions qui,
réunies et considérées comme inséparables, occu-
pèrent l'Assemblée constituante du 31 août au 11
septembre.

De ces deux questions, l'une, grâce aux progrès de
l'idée démocratique, n'existe plus aujourd'hui.
L'autre, restée actuelle et vivante, va, demain peut-
être, faire vibrer à nouveau les échos de nos Chambres
législatives. Mais, il importe de ne point l'oublier, le
débat ne se présentait pas en 1789 avec la simplicité
relative qu'il a de nos jours. La noblesse venait à
peine de consommer son suicide dans la nuit du 4
août, et qu'on le craignit ou qu'on l'espérât, chacun
sentait que la seconde Chambre allait, quelle que fût
sa composition, lui redonner une vie nouvelle.

Aussi est-ce sur la question du *veto* absolu ou suspensif que la discussion se concentra.

J'aurais voulu donner quelque idée de ces séances
fameuses et essayer de faire revivre les orateurs qui
défendirent l'un ou l'autre des deux *vetos*. J'ai dû y
renoncer, soucieux de [illegible] pour moi l'ennui profond qu'exhalent les [illegible] du *Moniteur* où ces
séances sont relatées. Nous n'y retrouverions rien de
cette dialectique alerte, passionnée, toujours prête à
l'attaque ou à la riposte, qui fait la vie et l'intérêt des
débats parlementaires contemporains.

A l'Assemblée constituante, personne ne répond à

l'orateur qui descend de la tribune. Aucun argument n'est examiné, retourné, dépecé, suivant la forte expression de Mirabeau. Chacun se présente à son tour avec une véritable brochure, bourrée d'arguments théoriques et abstraits, discours laborieusement travaillé dans le silence du cabinet et prononcé ensuite avec solennité de la tribune aux harangues, n'ayant avec le précédent d'autre rapport que l'identité du sujet (1). Et cette succession de lectures, ce tournoi académique dure dix longs jours.

Heureusement pour l'attention lassée de nos députés, la grave discussion est parfois interrompue par quelqu'une de ces scènes de patriotisme un peu théâtral qui faisaient venir des larmes aux yeux de nos sensibles ancêtres et qui, aujourd'hui que leurs fils dégénérés sont, paraît-il, devenus sceptiques, n'excitent plus que nos sourires.

Ainsi, le 7 septembre, à peine M. de Custine descend-il de la tribune, que 21 dames (2), femmes ou filles d'artistes, viennent demander audience à la Constituante, vêtues de blanc, la cocarde nationale au sein.

L'une d'elles, fort jeune et infiniment jolie, dit un journal de l'époque (3), apporte dans une cassette les bijoux dont elle et ses compagnes se dépouillent pour la Patrie, et demande la création d'une caisse nationale où toutes les femmes déposeront leurs joyaux, si bien que Marat écrivait, le soir, dans le *Publiciste parisien* : « Paris a donc aujourd'hui des citoyennes

---

(1) *Courrier de Provence*, n° *XXXIX*.

(2) Voici les noms de ces dames, femmes ou filles d'artistes : Mesdames Moitte, présidente de la députation, Vien, de la Grenée la Jeune, Savie, Berruer, Duvivier, Belle, Vestier, Fragonard, David, Vernet la Jeune, Desmarteaux, Beauvarlet, Cornecerf. Mesdemoiselles Vassé de Bonreceuil, Vestier, Gérard, Pithon, de Viefville, Hotemps.

(3) *Révolutions de Paris*, n° VIII.

qui ne veulent être parées que de leurs vertus (1). »

Mais pendant que l'Assemblée nationale continuait à disserter philosophiquement, comme une Académie de savants, sur les trois pouvoirs et la façon de les mieux balancer, autour d'elle l'esprit populaire prenait feu.

Tant que la question des prérogatives royales avait été comme enveloppée dans le mot de sanction, mot obscur, mal défini, susceptible de sens fort divers, la masse était restée indifférente. Mais du jour où elle se précise sous le nom de *veto*, ce *veto* devient immédiatement l'ennemi public pour lequel un vrai patriote ne saurait avoir de haine assez vigoureuse. Cette réprobation n'est pas toujours parfaitement éclairée, et plus d'un parmi, ceux que le *veto* révolte, demande à quel district ce citoyen est inscrit, ou propose résolûment de le mettre à la *lanterne* (2).

Peu à peu, cependant, l'excitation grandit et se propage avec la rapidité d'un incendie. Aucun moyen n'est d'ailleurs n  ligé pour soulever l'opinion publique. Chaque mat. , la presse singulièrement habile et audacieuse que la Révolution vient soudain de faire éclore, recommence ses attaques virulentes contre Mounier et le parti des aristocrates ; à toutes les vitrines des imagiers, Veto apparaît en géant, des éclairs lui sortant de la bouche ; partout l'on colporte l'arrêt rendu par le peuple qui condamne Loup-Veto a être rompu vif et jeté au feu : il n'est pas de rue où l'on ne chante :

> Quel est donc ce seigneur Veto
> Qui plus bruyant que Figaro
> Sans être du canton de Berne,
> Veut du peuple faire un zéro ?
> Sans redouter ce numéro.
> Menez-le vite à la lanterne (3) !

---

(1) *Le Publiciste parisien*, n° 1.
(2) *Révolutions de Paris*, n° VIII.
(3) Edmond et Jules de Goncourt : *Histoire de la Société française pendant la Révolution* ; page 256.

Le centre de toute cette agitation est au Palais-Royal. Là, toute la journée, dans le jardin que le duc d'Orléans a ouvert au public et dans les galeries de bois qui l'entourent, circule une foule innombrable, impatiente de nouvelles, toujours prête à s'alarmer et à s'emporter : société étrangement mêlée, où, de l'aveu même de Camille Desmoulins (1), les filous usent fréquemment de la liberté de la presse et où maint zélé patriote a perdu plus d'un mouchoir dans la chaleur des motions.

Le soir venu, on s'entasse dans les cafés, surtout dans le café de Foy, le plus fameux alors de tous : un orateur improvisé, monté sur une chaise ou une table, propose sa motion ou donne lecture de quelqu'une des brochures que chaque heure fait éclore. Quand il s'arrête, un immense cri de : « A bas le veto ! » s'élève de toutes parts et va, à travers des rangs émus et pressés, se répercuter jusqu'au fond des galeries les plus éloignées (2).

Puis, dans cette population surexcitée, les bruits les plus invraisemblables naissent et se propagent. Tantôt un complot s'est formé entre les membres du clergé et de la noblesse et quatre cents membres des Communes pour assurer le succès du veto absolu ; tantôt c'est Monsieur, frère du roi, qui est parti pour conduire madame la comtesse d'Artois à Turin, ou bien, c'est Mirabeau qui, attaqué, blessé d'un coup d'épée, va mourir victime de son patriotisme (3).

Enfin on passe des discours et des cris d'indignation aux actes. Des bandes se forment sous la direction de quelque énergumène exalté, comme le marquis de Saint-Huruge. Sa grosse tête, son corps trapu, sa voix retentissante en ont fait une des idoles de la

---

(1) Camille Desmoulins : *Discours de la Lanterne aux Parisiens.*

(2) *Révolutions de Paris*, n° VIII, page 7.

(3) *Révolutions de Paris*, n° VIII, page 8.

populace (1). On part pour Versailles intimider sur leurs bancs les députés aristocrates partisans du veto. Heureusement Lafayette est là pour arrêter l'émeute avant sa sortie de Paris.

C'est au milieu de cette agitation universelle et des orages soulevés par elle jusqu'au sein de l'Assemblée, que les champions des deux vetos rompaient leurs dernières lances.

Mounier s'était donné tout entier à la défense du projet élaboré par le Comité (2), puissamment soutenu d'ailleurs par le comte de Lally-Tollendal et le comte de Clermont-Tonnerre. Mirabeau lui-même, son adversaire habituel, trompant cette fois les espérances du Palais-Royal, avait apporté à la cause du veto absolu le secours de son éloquence (3).

Mais elle avait rencontré de redoutables contradicteurs, et au premier rang l'abbé Sieyès, cet homme supérieur (4), aux manières tranchantes, dont l'Assemblée attendait avec un respect presque superstitieux les laconiques aphorismes et pour qui tout veto, même suspensif, n'était « qu'une lettre de cachet lancée contre la volonté générale (5) », — cet adversaire ardent de l'existence de deux Chambres, qui en introduira trois dans l'éphémère constitution qu'après le 18 Brumaire Bonaparte le chargera de rédiger.

Le 10 septembre, on votait sur la question des deux Chambres ; le 11 sur celle du veto.

89 voix seulement se prononçaient pour l'existence d'un Sénat, tandis que le système de l'unité du pouvoir législatif en obtenait 499.

---

(1) Louis Blanc : *Révolution française*, tome III.

(2) Séances des 4 et 5 septembre.

(3) Séance du mardi 1er septembre.

(4) Madame de Staël, *Considérations sur la Révolution française*, page 200.

(5) Séance du lundi 7 septembre.

La majorité fut moins énorme en faveur du veto suspensif. Il ne l'emporta que par 673 voix contre 325 données au veto absolu.

Dans les deux scrutins, par une manœuvre que nous avons vu se produire trop souvent, les membres du côté droit votèrent avec ceux de la gauche avancée, convaincus qu'en précipitant les événements, en poussant les choses à l'extrême, ils hâtaient le retour du régime qui leur était resté cher (1).

Le lendemain, Mounier, accompagné de ceux qui l'avaient soutenu, se retirait du comité de constitution.

Son rôle politique est fini. Avant un mois il aura quitté l'Assemblée pour chercher en Dauphiné un refuge qui ne doit être qu'une première étape sur la route de l'exil. La perte de ses espérances et le spectacle des troubles auxquels il vient d'assister ont trop fortement impressionné son esprit. Prêt à affronter sans crainte un péril immédiat et connu, il n'a pas ce courage difficile et souverainement méritoire qui fait qu'on l'attend, tranquille, à son poste de combat.

Telle fut la première apparition des idées constitutionnelles anglaises dans notre pays. On a parfois depuis tenté d'expliquer l'échec qui les accueillit (2). Les uns en ont demandé la raison à l'insuffisance de leurs défenseurs à l'Assemblée constituante, les autres à l'inaction timide du gouvernement, travaillé par les intrigues du parti de la reine, incapable de renoncer en temps opportun à des espérances impossibles, laissant faire les événements sans essayer de s'imposer à eux par une initiative hardie (3).

---

(1) Madame de Staël, *Considérations sur la Révolution française.*

(2) Voir Léonce de Lavergne. *Le parti de la monarchie constitutionnelle à la Constituante.* (*Revue des Deux-Mondes, 15 juin 1842.*)

(3) *Le comte de Montlausier,* par M. Bardoux.

Sans doute, Mounier n'avait pas les qualités d'un chef de parti. Il ignorait cet art difficile qui sait grouper les hommes autour d'un même drapeau et, en les affermissant l'une par l'autre, faire d'une réunion de volontés molles et hésitantes une masse compacte, capable de garder une discipline et de recevoir un mot d'ordre. Isolé dans sa conviction solitaire, il voit peu à peu l'opinion l'abandonner, sans rien tenter pour la retenir autour de lui.

Il est certain, d'autre part, que si lors de l'ouverture des Etats Généraux, au lieu de se présenter aux députés sans une idée arrêtée, sans un programme défini, la royauté, se résignant à des sacrifices nécessaires, avait apporté la Constitution de Mounier à 'Assemblée nouvelle, comme don de joyeux avènement, l'immense majorité des trois ordres eût reçu avec des acclamations les théories qu'elle devait, trois mois plus tard, si dédaigneusement repousser.

Mais la question eût-elle été définitivement résolue ? Il est permis d'en douter.

Avec son inévitable complication, le système anglais était trop contraire à ce qui a fait de tout temps, et plus encore au XVIII° siècle qu'à tout autre époque, le fond du caractère français : l'amour de la généralisation, la passion des idées simples, nettes et logiques.

Et puis, c'était à transiger sur leurs prétentions respectives que Mounier conviait en réalité la Monarchie et la Révolution.

Or, les transactions se comprennent entre deux adversaires que les hasards d'une longue lutte ont lassés et qui désespèrent l'un et l'autre de la victoire définitive. Elles s'expliquent entre deux partis prêts à en venir aux mains, mais ne connaissant encore ni leurs propres forces ni celles qu'ils vont avoir à combattre. Elles n'ont pas de raisons d'être et ne sauraient aboutir si l'un des combattants a, dès les premières escarmouches, reconnu sa force supérieure et senti qu'il lui suffira de vouloir pour écraser un ennemi incapable de lui résister.

En 1789, la Révolution a pris conscience d'elle-même. Le désarroi de ses adversaires lui a montré toute sa puissance. Il n'est plus temps de parler ni de traité ni d'accommodement. Elle veut aller, elle ira jusqu'au bout !

Plus tard, quand la France aura connu les extrémités de la liberté et du despotisme, la lassitude viendra à son tour et avec elle le succès des idées monarchiques constitutionnelles.

Et toutes les fois que, pendant la longue période qui va de 1815 à 1848, la personnalité de Mounier est remise en lumière, c'est à qui saluera du nom de précurseur l'esprit qui a su, dès le premier jour, découvrir et montrer à ses contemporains le port de la monarchie parlementaire où la nation devait, après tant d'épreuves, trouver enfin le repos (1).

Aujourd'hui le siècle a fait un pas nouveau en avant et Mounier est encore une fois dépassé.

Aussi, en terminant cette étude tout animée de son souvenir, n'est-ce pas le chef du parti monarchique à la Constituante que j'aime à faire revivre dans ma pensée, mais bien plûtôt le secrétaire de Vizille et de Romans, le patriote intègre et convaincu qui sut galvaniser toute une province de son énergie, et, seul alors que les plus audacieux gardaient le silence, osa parler de liberté sous la menace des lettres de cachet et réclamer une constitution en face d'une monarchie encore tout infatuée de son pouvoir absolu !

---

(1) Léence de Lavergne, *Le parti de la monarchie constitutionnelle à la Constituante. (Revue des Deux-Mondes, 15 juin 1842.)*